AF002614

Inhalt

Draghis Einstand - Wachstumsimpulse statt Preisstabilität?

Kernthesen

Beitrag

Fallbeispiele

Weiterführende Literatur

Impressum

GENIOS WirtschaftsWissen Nr. 11 vom 16.11.2011

Draghis Einstand - Wachstumsimpulse statt Preisstabilität?

Robert Reuter

Kernthesen

- Die Europäische Zentralbank sieht im Euroraum eine Rezession voraus und hat die Leitzinsen darum um 0,25 Prozentpunkte gesenkt.
- Chef-Volkswirt Jürgen Stark hat die überraschende Zinssenkung nicht nur mitgetragen, sondern nach eigener Aussage sogar selbst vorgeschlagen.
- Seit der Italiener Mario Draghi die Notenbank führt, beobachten Experten einen weiteren Anstieg der Ankäufe europäischer Anleihen. Draghi betont allerdings wie sein Vorgänger Trichet, dass

es sich hierbei um eine zeitlich begrenzte Maßnahme handele.

Beitrag

Amtsantritt mit Paukenschlag

Der neue Präsident der Europäischen Zentralbank (EZB) hat seine Amtszeit mit einem kleinen Paukenschlag begonnen. Von Beobachtern nicht erwartet, senkte die Bank den Leitzins von bisher 1,50 auf 1,25 Prozent. Die meisten Ökonomen hatten eine Zinssenkung erst für Dezember erwartet. Draghi sagte, der Rat habe einstimmig entschieden. Inoffiziell wurde allerdings verbreitet, dass die Entscheidung erst nach zähem Ringen gefallen sei. [1]

Wachstumsimpulse statt Inflationsbekämpfung

Die Entscheidung der EZB wirft Fragen nach dem Kurs der Zentralbank auf. Billiges Geld heizt bekanntlich die Inflation an, deren Bekämpfung aber die Hauptaufgabe der europäischen Notenbank ist. Nach eigenem Bekunden strebt die EZB eine Inflation von zwei Prozent an, derzeit sind es jedoch drei Prozent. Draghi versuchte trotzdem, jeden Eindruck, die EZB könne eine erhöhte Inflation tolerieren, zu zerstreuen. Nach Ansicht der EZB wird die Preissteigerung im Verlauf des Jahres 2012 auf die angestrebten zwei Prozent zurückfallen, da die aktuelle Inflationsrate vom nur temporär erhöhten Energiepreis befeuert werde.

Diese Ansicht verschafft der EZB den Zinsspielraum, der jetzt zur Senkung der Leitzinsen geführt hat. Draghi begründete die Maßnahme damit, dass der Eurozone im Herbst eine "milde Rezession" bevorstehe. So deuteten unter anderem die Einkaufsmanagerindizes aus der Industrie und der Auftragseingang darauf hin, dass sich die Konjunktur abkühle. Die gesenkten Leitzinsen sollen dabei helfen, die drohende Rezession abzuwenden. Draghi verspricht sich von der Maßnahme eine Ankurbelung des Binnenkonsums. (1), (2)

Skeptische Reaktionen aus Deutschland

In Deutschland ist die Entscheidung der EZB mit Skepsis aufgenommen worden. Die Landesbank Baden-Württemberg äußerte die Befürchtung, dass die EZB unter Draghi Wachstum und Beschäftigung als wichtiger erachten werde als die Gewährleistung stabiler Preise. Die Notenbank bewege sich mit ihrer Entscheidung, trotz erhöhter Inflation die Zinsen zu senken, "auf dünnem Eis". Verständnis für die Leitzinssenkung äußerte die Commerzbank. Draghi zeige mit dieser Entscheidung, wie sehr sich die obersten Währungshüter über die konjunkturellen Folgen der Staatsschuldenkrise sorgten. Die Experten der Commerzbank erwarten darum weitere Leitzinssenkungen etwa zur Jahreswende. (1), (2)

Festhalten an Anleihekäufen

Der neue Präsident hat sich auch zu den Anleihenkäufen, dem sogenannten Securities Markets Program (SMP) geäußert. Seit August 2011 kauft die EZB Anleihen insbesondere Spaniens und Italiens und verhilft den beiden schuldengeplagten Ländern so zu niedrigeren Zinskosten. Alleine im Oktober hatte die EZB italienische Staatsanleihen über vier Milliarden Euro erworben. Nach Draghis Amtsantritt nahmen die umstrittenen Käufe nochmals deutlich zu. Kritiker lehnen die Anleihekäufe ab, da dadurch die Grenzen zwischen Geld- und Fiskalpolitik verwischt würden. Vor allem in Deutschland stoßen die Käufe auf Ablehnung, was dazu geführt hat, dass der frühere Bundesbank-Präsident Axel Weber seinen Hut nahm. EZB-

Chefökonom Jürgen Stark will zum Jahresende gehen, weil er ebenfalls nicht mit den Stützungskäufen einverstanden ist. Trotz der unter Draghi noch einmal anschwellenden Anleihenkäufe betont der neue Präsident, dass es sich hierbei um eine zeitlich begrenzte Maßnahme handeln soll. Eine Obergrenze für die gehorteten Anleihen nennt Draghi indessen nicht. Experten schätzen, dass die EZB mittlerweile Anleihen im Wert von fast 200 Milliarden Euro in den Büchern hat. (3)

Interbankenhandel kommt zum Erliegen

Mit den Anleihekäufen setzt die EZB freilich gleichzeitig ein Signal, das den Bankensektor weiter verunsichert. Wenn sich Spanien und Italien nur noch durch EZB-Aufkäufe refinanzieren können, ist es bis zu deren Pleite möglicherweise nicht mehr ganz weit. Da viele Banken enorme Beträge in Anleihen Griechenlands, Spaniens und Italiens investiert haben, müssen sie erneut mit massiven Abschreibungen rechnen, die die Wertberichtigungen der Griechenland-Bonds weit übersteigen würden. Indirekt schürt die EZB mit ihrer Maßnahme das Misstrauen der Banken untereinander, was zu dem Ergebnis führt, dass diese sich kein Geld mehr leihen. Stattdessen parken sie ihr Geld bei der EZB, wo sie aber nur 0,5 Prozent Zinsen bekommen. Im Interbankenhandel wäre die Marge ungleich höher. In der Nacht nach dem EZB-Zinsentscheid bunkerten die Finanzinstitute 275,23 Milliarden Euro bei der Zentralbank, neun Prozent mehr als in der Nacht zuvor. Dies ist der höchste Wert seit 16 Monaten. Den höchsten Pegel hatten die geparkten Gelder im Juni 2010 erreicht. Damals hinterlegten die Banken 384 Milliarden Euro in Frankfurt.

Öl ins Feuer der Verunsicherung schütten die EZB-Banker zudem mit ihren überraschend pessimistischen Äußerungen zur Konjunktur in der Eurozone. Diese befindet sich nach Aussage des luxemburgischen Ratsmitglieds Yves Mersch "im freien Fall". Noch vor einigen Monaten habe die Wahrscheinlichkeit für einen Rückfall in die Rezession bei weniger als zehn Prozent gelegen. Jetzt liege sie bei mehr als 50 Prozent. (4)

Überraschende Haltung des EZB-Chefvolkswirts

Der scheidende Chefvolkswirt der EZB, Jürgen Stark, berichtete vor Journalisten, dass er selbst die Zinssenkung vorgeschlagen habe. Dies löste Verwunderung aus, denn Stark gilt als Stabilitätsverfechter und steht darum eher für

Zinssteigerungen. Stark bezeichnete die erhöhte Inflation als "Vergangenheit" und wies seinerseits auf Konjunkturrisiken hin, die bekämpft werden müssten. Der von Kritikern geäußerten Befürchtung, Draghi würde der EZB einen neuen Kurs aufzwingen, nahm Stark damit den Wind aus den Segeln. Unnachgiebig urteilte er allerdings über die von ihm abgelehnten Anleihenkäufe. Diese setzten für Staaten falsche Anreize, so das Ratsmitglied. Damit erneuerte Stark seine bekannte Haltung gegenüber der EU-Schuldenkrise. Seiner Ansicht nach tun die Staaten zu wenig, um ihre Haushalte zu konsolidieren. Griechenland sei möglicherweise nur das Vorspiel für das, was in anderen Fällen noch bevorsteht, so der EZB-Chefvolkswirt. (1), (2), (3)

Konjunktur flaut ab

Nur wenig Gegenwehr hat Draghi für seine Begründung des Zinsschrittes erhalten. Auch deutsche Konjunkturforscher sehen für das nächste Jahr einen herben Einbruch voraus. Im Herbstgutachten der führenden Wirtschaftsforschungsinstitute wird für 2012 ein BIP-Wachstum von nur noch 0,8 Prozent erwartet - nach 2,9 Prozent im laufenden Jahr. Im Frühjahr hatten die Experten für 2012 ein Wirtschaftswachstum in Höhe von zwei Prozent vorhergesagt. Damit wird deutlich, dass sich die europäische Staatsschuldenkrise immer stärker auf die Konjunkturentwicklung niederschlägt. Sollte sich die Staatsschuldenkrise weiter zuspitzen, würde das europäische Finanzsystem erneut ins Wanken geraten, so die Experten. Im schlimmsten Falle drohe Deutschland sogar eine Rezession, weil sich die Verbraucher angesichts der ungelösten Probleme mit dem Konsum zurückhalten würden.

Optimistisch sehen die Experten die zukünftige Entwicklung des deutschen Arbeitsmarkts. Das Jobwunder werde auch bei einer Rezession weitergehen, so dass für 2012 eine Arbeitslosenquote von nur noch 6,7 Prozent zu erwarten sei. In diesem Jahr liegt sie durchschnittlich bei sieben Prozent. (5), (7)

Mittelstand rüstet sich für den Abschwung

Kleinere Brötchen backen muss im nächsten Jahr auch die mittelständische Wirtschaft. Ihre Geschäftslage befindet sich nach Aussage der DZ Bank zwar nach wie vor auf dem höchsten Niveau der vergangenen fünfzehn Jahre, jedoch verdunkeln sich die Aussichten. Erkennbar werde die nachlassende Konjunktur an der schwindenden Kreditnachfrage aus dem Mittelstand. Diese sei in den letzten Wochen ungewöhnlich stark zurückgegangen. (6)

Trends

Unternehmen misstrauen Banken

Deutsche Unternehmen misstrauen ihren Hausbanken immer mehr. Da sich die Kreditinstitute seit 2008 in einer Dauerschieflage befinden, sind die Unternehmen der Realwirtschaft gegenüber den Kreditinstituten deutlich vorsichtiger geworden. Dies wird daran erkennbar, dass sie viel mehr Liquidität vorhalten als früher - um sich so von Kreditzusagen unabhängiger zu machen. Immer mehr Firmen sehen die Banken nicht mehr als verlässliche Partner an, weil sie während der Finanzkrise schlechte Erfahrungen machen mussten. Kreditinstitute sollen während der Hochphase der Krise Kredite nur gegen die Zahlung erhöhter Provisionen gegeben haben. (8)

Fallbeispiele

Die Fed hält still

Die US-Notenbank Federal Reserve (Fed) hält weiterhin an ihrer Niedrigzinspolitik fest. Die Leitzinsen liegen in den USA nach wie vor zwischen 0 und 0,25 Prozent. Das Ziel der Fed, durch billiges Geld die Wirtschaft anzukurbeln, wird allerdings auch in diesem Jahr nicht im erwünschten Umfang erreicht. Im laufenden Jahr rechnet die Fed mit einem realen Wirtschaftswachstum von 1,6 bis 1,7 Prozent. Noch im Juni waren 2,7 bis 2,9 Prozent erwartet worden. Sorgen bereitet der Notenbank insbesondere die Entwicklung des Arbeitsmarktes. 2011 wird die Arbeitslosenquote bei rund neun Prozent stecken bleiben, was für US-Verhältnisse zu viel ist. (3)

Weiterführende Literatur

(1) EZB sieht milde Rezession voraus und senkt den Leitzins auf 1,25 Prozent
aus Frankfurter Allgemeine Zeitung, 04.11.2011, Nr. 257, S. 11

(2) Liebeserklärung eines Pragmatikers Der neue EZB-Chef Mario Draghi weiß: Als Italiener steht er in Deutschland im Verdacht, es mit stabiler Geldpolitik nicht ganz so ernst zu meinen. Deshalb lobt der Währungshüter die Standhaftigkeit der Bundesbank, nachdem er die Zinsen gesenkt hat
aus Financial Times Deutschland vom 04.11.2011, Seite 19

(3) EZB-Draghi startet mit einer Zinssenkung
aus Finanz und Wirtschaft vom 05.11.2011, Seite 29

(4) Die EZB sorgt für Angst unter den Banken
aus Die Presse vom 2011-11-05, Seite: 17

(5) Deutschland entgeht knapp der Rezession
aus manager-magazin.de vom 13.10.2011

(6) Stimmung im Mittelstand trübt sich ein
aus agrarzeitung 44 vom 04.11.2011 Seite 005

(7) DIW-Studie Wirtschaftswachstum Zunehmende
Verunsicherung bremst die deutsche Wirtschaft aus
aus www.elektronikpraxis.de vom 10.10.2011

(8) Der Ärger über die Banken wird größer
aus Frankfurter Allgemeine Zeitung, 12.11.2011, Nr.
264, S. 14

Impressum

Draghis Einstand - Wachstumsimpulse statt Preisstabilität?

Bibliografische Information der deutschen Nationalbibliothek

Die Deutsche Nationalbibliothek verzeichnet diese Publikation in der deutschen Nationalbibliografie; detaillierte bibliografische Daten sind im Internet über http://dnb.d-nb.de abrufbar.

ISBN: 978-3-7379-1683-7

© 2015 GBI-Genios Deutsche Wirtschaftsdatenbank GmbH, Freischützstraße 96, 81927 München, www.genios.de

Alle Rechte vorbehalten. Dieses Werk ist einschließlich aller seiner Teile – z.B. Texte, Tabellen und Grafiken - urheberrechtlich geschützt. Jede Verwertung außerhalb der Grenzen des Urheberrechtsgesetzes bedarf der vorherigen Zustimmung des Verlags. Dies gilt insbesondere auch für auszugsweise Nachdrucke, fotomechanische

Vervielfältigungen (Fotokopie/Mikroskopie), Übersetzungen, Auswertungen durch Datenbanken oder ähnliche Einrichtungen und die Einspeicherung und Verarbeitung in elektronischen Systemen.